读古诗词学地理

全彩漫画版

李妍◎编著　世良插画◎绘

中国水利水电出版社
www.waterpub.com.cn
·北京·

目录

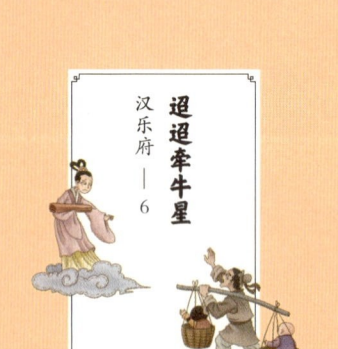

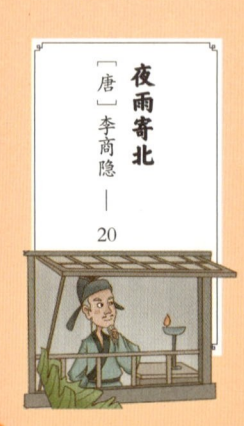

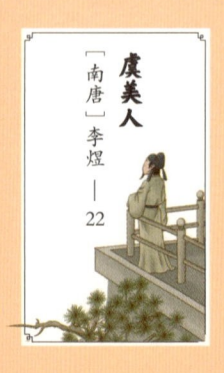

- 江南　汉乐府 —— 2
- 长歌行　汉乐府 —— 4
- 迢迢牵牛星　汉乐府 —— 6
- 春江花月夜（节选）　[唐]张若虚 —— 8
- 暮江吟　[唐]白居易 —— 10
- 敕勒歌　北朝民歌 —— 14
- 望岳　[唐]杜甫 —— 16
- 走马川行奉送封大夫出师西征（节选）　[唐]岑参 —— 18
- 夜雨寄北　[唐]李商隐 —— 20
- 虞美人　[南唐]李煜 —— 22
- 游山西村（节选）　[宋]陆游 —— 24
- 望天门山　[唐]李白 —— 28

浪淘沙
[唐]刘禹锡 —— 30

大林寺桃花
[唐]白居易 —— 32

过华清宫
[唐]杜牧 —— 34

泊船瓜洲
[宋]王安石 —— 36

浣溪沙
[宋]苏轼 —— 38

题西林壁
[宋]苏轼 —— 40

凉州词
[唐]王之涣 —— 44

春夜喜雨
[唐]杜甫 —— 46

白雪歌送武判官归京（节选）
[唐]岑参 —— 48

竹枝词
[唐]刘禹锡 —— 50

秋怀
[宋]陆游 —— 52

约客
[宋]赵师秀 —— 54

村居
[清]高鼎 —— 56

早在史前时代,中国的原始人就开始了对地理的探索;在三千多年前,「地理」一词便正式出现在典籍中。古人把目光投向陆地、海洋和星空,并在古诗词中留下了探索的痕迹。方位的确定,时间的思考,月相的变化,潮汐的形成,银河系及其星座的位置,都在古诗词中一一呈现,不仅使古诗词瑰丽生色,还衍生出动人的神话与传说。

江 南

汉乐府

江南可采莲，
莲叶何田田。
鱼戏莲叶间。
鱼戏莲叶东，
鱼戏莲叶西，
鱼戏莲叶南，
鱼戏莲叶北。

难道你也想采莲？

小注

可：可以、适宜、正好的意思。何：多么。

田田：荷叶茂盛连成一片的样子。

诗说

江南可以采莲了，
莲叶多么茂盛啊。
鱼在莲叶间嬉戏玩耍。
鱼嬉戏在莲叶的东边，
鱼嬉戏在莲叶的西边，
鱼嬉戏在莲叶的南边，
鱼嬉戏在莲叶的北边。

读古诗词学地理

方 位

《江南》是汉朝的乐府机构采集到的一首采莲歌，最大的特色就是以方位入诗。这是非常罕见的，也非常难写，但这首诗却通过反复的手法，用鱼在莲叶的东南西北四个方位嬉戏，表现出了诗意之美，让我们隔着千年的时光，仍能听到采莲人的歌声和笑声。

这首诗需要唱吗？

你是领唱吗？

是的。我唱前三句，之后，每个方位的人轮流合唱。

是不是迷路了？

不会，我一直跟着树桩和树的指引走呢！

上北下南，左西右东，我说的对吗？

对，你也是一个"方向通"啦！

从《江南》中可以看出，汉朝人对方位已有一定认识。古人发现，太阳从东方升起，从西方落下，从来不变，就把太阳当成了判断方向的参照物。借助树也可以判断方位，光照充足的是南面，枝叶浓密，光照不足的是北面，枝叶稀少；树根上环纹稀疏的一侧是南面，环纹繁密的一侧是北面。

你也可以利用地物特征来判定方位。比如冬天时，建筑物上的积雪总是南面融化快，北面融化慢。方位是人为规定的，但它符合地球自转的规律。根据现在的科学研究，从北极点上空看，地球是逆时针旋转的，且自西向东旋转。只要记住"上北下南，左西右东"，你就是一个"方向通"啦！

科学家假设出一条地轴，确定了南极、北极，这就是南、北方向。方向是相对的。由于参照物不同，同一个地方可以是东或西，也可以是南或北。

长歌行

汉乐府

青青园中葵,朝露待日晞(xī)。
阳春布德泽,万物生光辉。
常恐秋节至,焜(kūn)黄华(huā)叶衰。
百川东到海,何时复西归?
少壮不努力,老大徒伤悲。

小注

葵:葵菜,古代的一种蔬菜。晞:天亮,此处指阳光照耀。布:布施,给予。德泽:指恩惠。焜黄:指草木枯黄凋萎。华:同"花"。衰:递减,减少。百川:指江河湖泽。复:再次。少壮:年轻的时候。老大:年老的时候。徒:徒劳,白白地。

诗说

园中的葵菜郁郁葱葱,清晨的露水等待阳光照耀。
春天向人间布下温暖恩泽,万物都光辉夺目,生机勃勃。
经常担忧秋天到来后,草木枯黄、叶子凋零。
河流向东奔腾到大海,什么时候才能再次西流?
年少的时候不努力学习,老了只能白白地伤悲。

任时光飞逝,我回首从前……

读古诗词学地理

时 间

（请谈谈你们的想法。）
（时间是一种感觉。）
（时间是太阳的影子。）
（时间是一条线。）
（时间是我又饿了。）

《长歌行》是一首劝人珍惜时间的诗，诗人用朝露易干、草木枯黄、流水东逝等自然现象感叹了生命的短暂，鼓励人们抓紧时间，有所作为。一千多年前的古人就有了这样的"时间危机"，但时间究竟是什么呢？

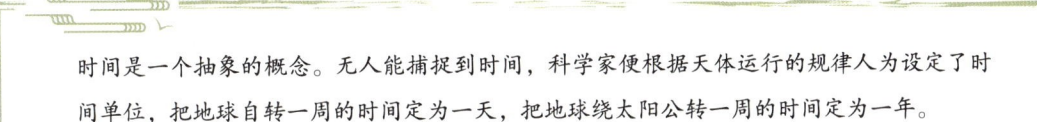

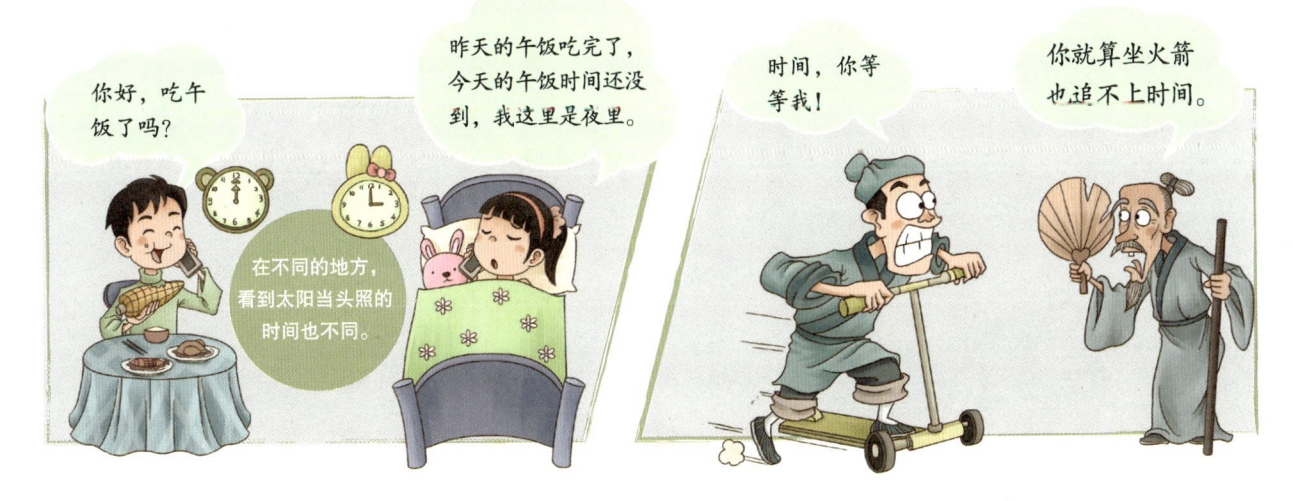

时间是一个抽象的概念。无人能捕捉到时间，科学家便根据天体运行的规律人为设定了时间单位，把地球自转一周的时间定为一天，把地球绕太阳公转一周的时间定为一年。

（你好，吃午饭了吗？）
（昨天的午饭吃完了，今天的午饭时间还没到，我这里是夜里。）
在不同的地方，看到太阳当头照的时间也不同。

（时间，你等等我！）
（你就算坐火箭也追不上时间。）

一年有12个月，即365天，而一天有24小时，一小时有60分钟，一分钟有60秒。这是时间的单位。那么，古人是怎么判断时间的呢？

圭表是种天文仪器，汉朝人根据正午时影子落在圭表上的长短来判断时间的早晚。古人感叹时间像流水一样向前，便写出了珍惜时间的诗句。

迢迢牵牛星

汉乐府

迢迢牵牛星，皎皎河汉女。
纤纤擢素手，札札弄机杼。
终日不成章，泣涕零如雨。
河汉清且浅，相去复几许。
盈盈一水间，脉脉不得语。

擢 zhuó　札 zhá　杼 zhù　脉 mò

小注

迢迢：遥远的样子。牵牛星：河鼓三星之一，天鹰星座的主星，隔着银河和织女星相对。皎皎：明亮的样子。河汉女：指织女星，天琴星座的主星。擢：引，抽，伸出。素：洁白。札札：机织的声音。杼：织机的梭子。章：指布帛。涕：眼泪。零：零落，落下。相去：相离，相隔。去，离。复几许：又能有多远。一水间：指银河的间隔。脉脉：含情相视的样子。

诗说

遥远的牵牛星，皎洁的织女星。
织女用洁白纤细的手穿动梭子，织布机发出了札扎的声响。
一天下来也没织成布，泪水零落滚下，就像下雨一样。
银河的水很清很浅，相隔的两岸又能有多远。
清清浅浅的银河两边，含情脉脉地相对凝望，默默无语。

相见时难别亦难。

读古诗词学地理

银河系

《迢迢牵牛星》相当于一部悲情的微电影,诗人通过几个分镜头,先推出牵牛星和织女星,再把镜头对准织女织布,接着是织女独自垂泪,最后是织女和牛郎隔河相视无言。全诗表现了现实中妻子对丈夫的思念,暗含着对女性悲惨命运的抗议,立意新颖,想象丰富。

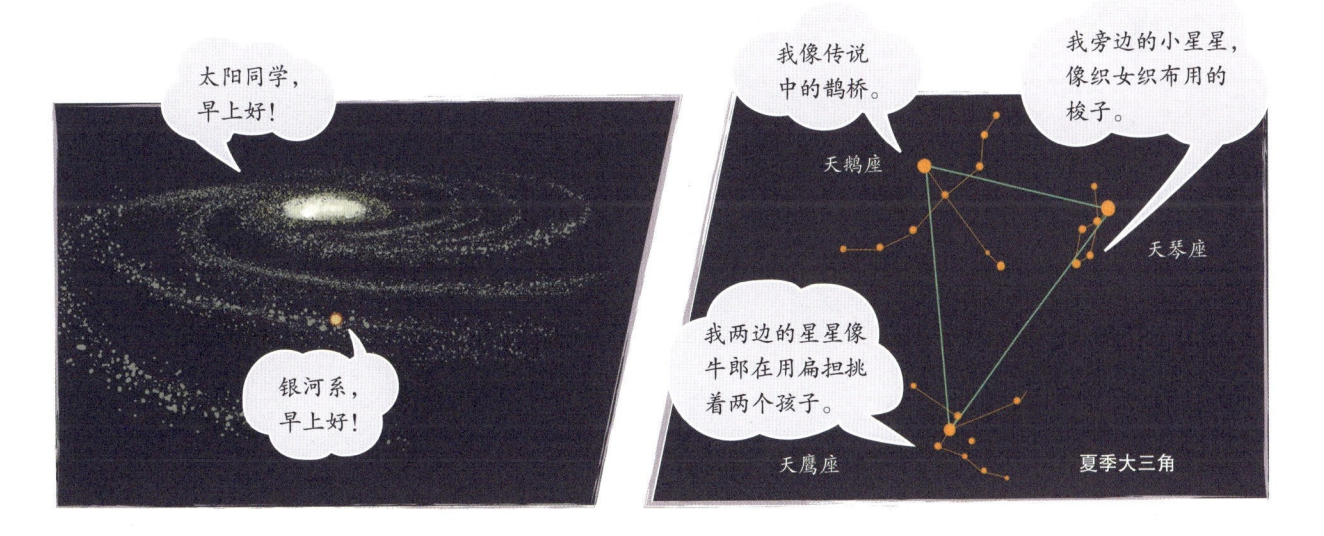

三千多年前,周朝人根据肉眼对星辰的观测,发现牵牛星和织女星隔着一段距离,位于一条乳白色的亮带中,古人称之为"河汉"。"河汉"就是银河,但银河不是银河系,只是银河系的一部分。银河系是一个超大的棒旋星系,至今已有大约100亿年,太阳系就在它的怀抱里。

银河经过25个星座,其中包括天琴座和天鹰座。天琴座中有一颗最亮的恒星,是织女星,在银河的西北侧;天鹰座上最亮的星则是牵牛星,在银河的东南侧。天琴座织女星、天鹰座牵牛星、天鹅座天津四构成了"夏季大三角",是夏日夜空最亮的三颗星,你可以观察一下哦。

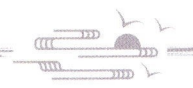

牵牛星和织女星相隔约16.4光年。1光年等于光在真空中一年内所走过的距离,约等于9.4605×10^{15}米。所以,就算有鹊桥帮忙,牛郎和织女也无法相见。

春江花月夜（节选）

［唐］张若虚

春江潮水连海平，海上明月共潮生。
滟(yàn)滟随波千万里，何处春江无月明。

听潮、赏月，不虚此生。

小注

共：和，一起。滟滟：波光荡漾的样子。

诗说

春天上涨的潮水与海水连成一片，海面上，明月伴着潮水一起涌出来。月光随着荡漾的水波漂流千万里，哪里的春江没有月光照耀呢。

读古诗词学地理

潮汐与月亮

张若虚是一个谜一样的人物，史书中很少见到关于他的记载，但他写的《春江花月夜》却名声响亮，被誉为"孤篇压全唐"。你看，张老师用清丽的语言，以"江"和"月"两个意象创造出了一种迷离幽美的意境，还无意中为我们做了一次科普，揭露了潮汐和月亮之间的秘密……

> 独家大揭秘，月亮和潮汐不得不说的二三事！

> 月亮和潮汐能有什么事？看来张老师写不出诗来魔怔了……

张若虚

月亮像一块超大号磁铁，地球上的海水像一个铁块，当月亮和地球距离最近时，"磁"对"铁"的吸引力最大，引潮力也最大，潮汐最为汹涌。

> 潮汐每天来来去去，从不失约。

> 我也要像潮汐一样守信！

> 八月十八潮，壮观天下无！

> 多谢夸赞！

古人发现，海水会随着月亮的变化而有规律地涨落。于是，古人把海水在白天的涨落称为"潮"，把晚上的涨落称为"汐"，合在一起就是潮汐。至于"海上明月共潮生"，其实是月亮和地球之间存在引力，这种引力和地球的离心力一起构成了引潮力，促使了潮汐的生成。

太阳也有引潮力，当太阳、月球、地球排成一条直线时，月亮和太阳的引潮力会叠加在一起，对地球上的海水造成强大的吸引力，形成大潮；当月球、地球和太阳呈直角时，太阳和月亮的引力会抵消一部分，就是小潮了。每年农历八月十八前后发生的钱塘江大潮，就是这样形成的。

月色无限好。

暮江吟

[唐] 白居易

一道残阳铺水中,半江瑟瑟半江红。
可怜九月初三夜,露似真珠月似弓。

小注
暮江:傍晚的江边。吟:古代诗歌的一种形式。残阳:快要落山的太阳。一说晚霞。瑟瑟:此处指碧绿色。可怜:可爱。九月初三:农历九月初三。真珠:珍珠。月似弓:上弦月好似弯弓一样。

诗说
一道夕阳铺展在江面上,一半江水碧绿,一半江水红艳。
最可爱的是九月初三的夜晚,露珠好像珍珠,上弦月好像弯弓。

读古诗词学地理

月 相

大诗人白居易在写这首《暮江吟》时，一定是心怀喜悦的，否则怎么会创作出如此清丽可爱的意境呢？你瞧，他用新颖的比喻，描写了"九月初三"这天的露珠和弯月，格调清新，宁静和谐，色彩美艳，表达了对大自然的热爱之情。那么，你知道"九月初三夜"为什么会"月似弓"吗？

为什么九月初三是弯月，十五却是满月呢？

是月神在变戏法。

感谢太阳给我光。

不客气。

你看你看月亮的脸。

月亮又变脸了。

月相变化图

月亮有圆形，有弓形，是月相的反映。月球不发光，它之所以看上去很亮，是因为反射太阳光。当月球和太阳运动的位置发生变化时，你在地球上看到的月亮形状也会发生变化，这就叫月相。古人发现，每隔29天左右，月相的变化就会重复一次，于是把月相变化一次的时间定为一个月。

从月初到月末，月相大致为：新月、蛾眉月、上弦月、上凸月、满月、下凸月、下弦月、残月。新月是漆黑的月亮，你用肉眼是看不见的。蛾眉月、残月是弯弯的月牙。上弦月、下弦月是半圆形，白居易看到的"月似弓"就是上弦月。满月是圆满的月亮。

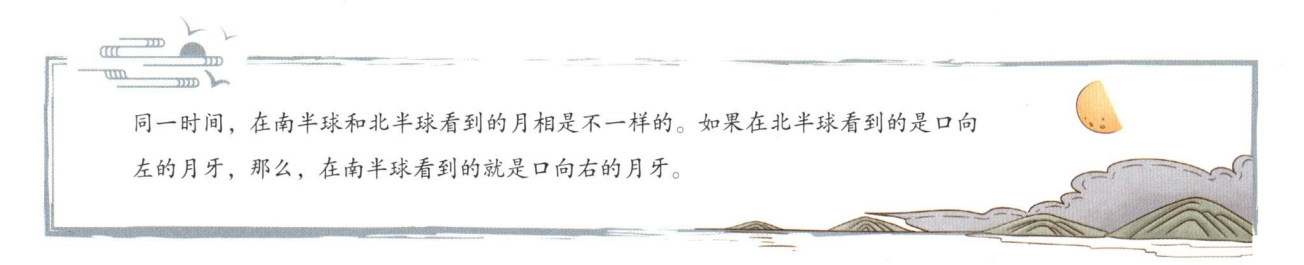

同一时间，在南半球和北半球看到的月相是不一样的。如果在北半球看到的是口向左的月牙，那么，在南半球看到的就是口向右的月牙。

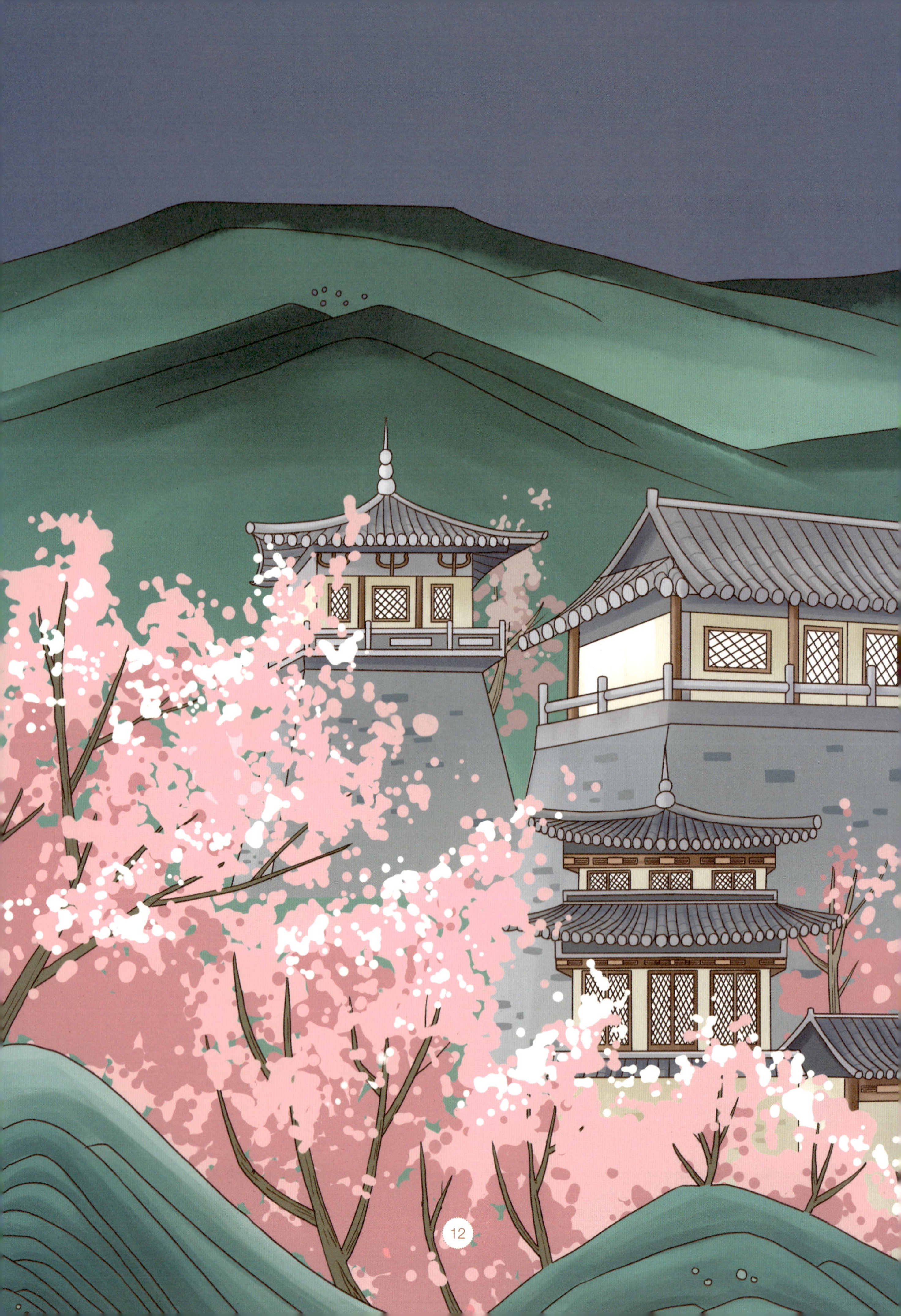

生长在中国的土地上，可爱的少年，
你了解脚下这片土地吗？你知道祖国的地势吗？
你知道草原、沙漠、盆地、丘陵是什么吗？
当你默读"风吹草低见牛羊"时，
当你背诵"巴山夜雨涨秋池"时，
当你脱口而出"柳暗花明又一村"时，
你知道它们和地貌的联系吗？
当你走在上学的路上，穿越高楼间的通道，
当你走在放学的路上，穿越窄窄的胡同，
你知道你可能会遭遇"狭管效应"吗？
如果你想知道得更多！
请翻开下一页吧！

敕勒歌

北朝民歌

敕(chì)勒川，阴山下，
天似穹庐，笼盖四野。
天苍苍，野茫茫，
风吹草低见(xiàn)牛羊。

小注

敕勒川：敕勒族居住的平原，位于今山西、内蒙古一带。川，指平原。敕勒，少数民族名。穹庐：毡帐篷，也叫蒙古包。四野：草原的四面八方。苍苍：深青色。茫茫：辽阔无边的样子。见：同"现"，显露。

诗说

敕勒大平原，在阴山脚下。
天空好像毡布搭成的帐篷，
笼罩着广阔的草原。
天空一片蔚蓝，草野一片苍茫，
风吹过，青草低伏，显露出一群牛羊。

美丽的草原，我的餐厅。

美丽的草原，我的家。

读古诗词学地理

草 原

你在本届"歌王争霸赛"中荣获第一名,请发表你的获奖感言。

我要感谢《敕勒川》的创作者,虽然不知道他是谁,但他留给了我们一首一唱就有劲儿的歌。

《敕勒歌》是南北朝时期北朝的一首流行歌曲,歌咏了壮丽的北国草原风光,抒发了敕勒人热爱家乡、豪爽奔放的情怀。此诗短小,却风格明朗,境界开阔,音调雄壮,语言明白如话,尤其是"风吹草低见牛羊",让一代代读者对草原充满了向往。

我国是世界上草原最多的国家,约占国土总面积的40%,一般分为五个大区:东北草原区、蒙宁甘草原区、新疆草原区、青藏草原区、南方草山草坡区。

草太少了,我都不敢啃了。

这是稀树草原,一直就是这样。

野驴先生,去散步吗?

想发会儿呆。

在整个地球上的植被中,草原的"出镜率"最高。草原上降水量少,土壤很薄,无法遍布大树,只能长一些草和灌木。生长着在一些干旱的地方,连草都稀稀疏疏的。那么,你知道草原上生长着哪些草吗?草原上生长着野苜蓿、狐茅、鸭茅、雀麦草、车轴草等。它们都是牧草哟,可以使牛羊吃得肥肥壮壮。

呼伦贝尔草原坐拥3000多条河流,400多种动物,膘肥体壮;锡林郭勒草原全年都在举办"全民运动会",丹顶鹤、大鸨、黄羊等都踊跃参加;那曲高寒草原寒冷缺氧,野牦牛、藏羚羊、野驴像哲学家一样在无人区沉思;夏天的敕勒川的河套草原,牧草能长一两米高,确实需要"风吹草低"才能"见牛羊"……

望 岳

[唐]杜甫

岱宗夫如何？齐鲁青未了。
造化钟神秀，阴阳割昏晓。
荡胸生曾(céng)云，决眦(zì)入归鸟。
会当凌绝顶，一览众山小。

> 登高才能望远。

小注

岱宗：指泰山。如何：怎么样。齐鲁：今山东一带。青未了：指青翠的峰峦连绵不尽。造化：大自然。钟：聚集。神秀：神奇秀丽。阴阳：指山的南北面，山南为阳，山北为阴。割：分割。昏晓：黄昏和清晨。荡胸：心胸摇荡。曾：同"层"，重叠。决眦：眼眶几乎要裂开。决，裂开。眦，眼眶。入：收入眼底，指看到。会当：终当，定要。凌：登上。绝顶：最高峰。

诗说

泰山怎么样？在齐鲁大地上，仍能看到连绵不尽的青翠。
大自然在这里聚集了各种神奇秀美的景象，山南山北分割出不同的晨昏景色。
层层云气生发涤荡在我的胸中，我睁大眼睛望着山中归巢的飞鸟。
一定要登上那座最高峰，俯瞰在泰山面前显得渺小的群山。

读古诗词学地理

海 拔

杜甫24岁时，科考落榜，去泰山漫游。虽然考砸了，但他仍心怀壮志，把《望岳》写得气势磅礴。全诗以"望"字为诗眼，从远望、近望、凝望、俯望四个角度展现了高海拔给泰山创造出的"一览众山小"的雄美，抒发了自己不怕困难、勇于攀登的豪情壮志。

你好，猫——是豹吧……

俺是豹猫，欢迎光临泰山。

快递小哥，能不能送个高压锅到珠峰，想涮个火锅。

那得看我能不能弄到氧气罐。

头好痛……

下山就好了，我来背你。

对于海拔，你了解多少？一般来说，地表上的某个点高出海平面的垂直距离就是海拔，也就是某地与海平面的高度差。海拔的起点，叫海拔零点。海拔高的地方气压低，气温低，氧气少，青藏高原平均海拔在4000米左右，很多人到了那里，都会因为缺氧而发生高原反应。

世界上海拔最高的地方，就是中国的珠穆朗玛峰，高8848.86米。如果你想在那里烧水，烧到73.5℃，水就"开"了。但这样的"开水"，不能煮熟饭菜，也不能杀死某些细菌。杜甫攀登的泰山的海拔为1500多米，虽然在高海拔的山峰中只是个"小家伙"，但也能"一览众山小"。

地表各点的重力线并不都指向球心，所以，不同的国家和地区使用的海拔零点也不一样。

中国的海拔零点是指黄海平均海平面的高度。

走马川行奉送封大夫出师西征（节选）

[唐] 岑参

君不见走马川雪海边，
平沙莽(mǎng)莽黄入天。
轮台九月风夜吼，
一川碎石大如斗，
随风满地石乱走。

> 风沙越大，将军气势越壮！

小注

走马川：指新疆的车尔成河。行：诗歌的一种体裁。封大夫：唐朝将领封常清。雪海：位于天山主峰与伊塞克湖之间。轮台：地名，位于今新疆米泉境内。

诗说

您没看见吗？雪海边的走马川苍莽辽阔，
茫茫无边的黄沙滚滚地连着云天。
九月的轮台，狂风夜夜怒号，
走马川中的碎石像斗那么大，
随着狂风满地胡乱翻滚。

读古诗词学地理

狭管效应

岑参在西域都护府担任判官时，一日，送大将封常清出征，写下了《走马川行奉送封大夫出师西征》一诗。风沙蔽日、乱石翻滚的恶劣环境，反衬了边塞将士们的英雄气概，不仅句句用韵，而且节奏急切有力，调子激越豪壮。你可能会以为"随风满地石乱走"很夸张，可事实上呢？

沙漠中常常会出现狭管效应，也叫峡谷效应。当气流从开阔的地方流进狭窄的地方，由于无法大量堆积，就会加速流过去，地方越窄，速度就越快。风就是空气流动形成的，当风进入峡谷时，速度会非常快，力量也大得惊人，别说乱石，有时连马车、汽车都能掀翻。

岑参笔下的"走马川"，位于地形复杂、峡谷众多的荒漠，很容易出现狭管效应。不过，"狭管"并不单指天然峡谷，也指类似的地方，如两栋高楼之间的过道，街边的小巷、弄堂等。"狭管"也能带来好处。当炎热的夏天到来时，小巷里会因为狭管效应而吹起穿堂风。

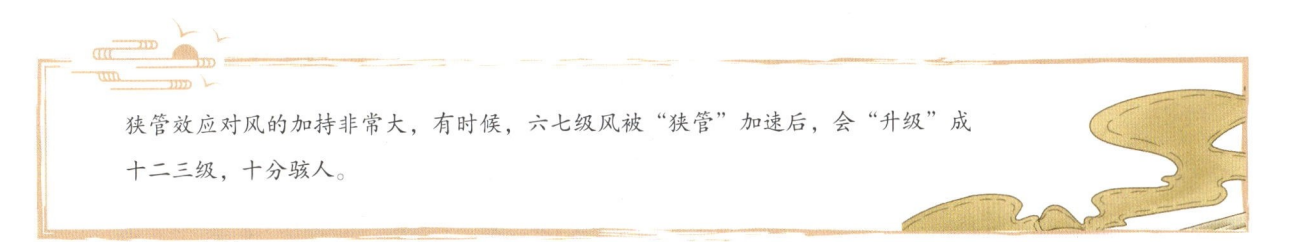

狭管效应对风的加持非常大，有时候，六七级风被"狭管"加速后，会"升级"成十二三级，十分骇人。

夜雨寄北

[唐] 李商隐

君问归期未有期，巴山夜雨涨秋池。
何当共剪西窗烛，却话巴山夜雨时。

小注

寄北：写诗寄给北方的人。诗人当时身在巴蜀（今四川），亲眷在长安，所以说"寄北"。归期：回家的日期。巴山：泛指巴蜀一带。秋池：秋日的池塘。何当：什么时候。剪西窗烛：在西窗下剪烛芯，引申为深夜秉烛长谈。却话：追述，回头说。

有谁记得今夜的雨……

诗说

你问我回家的日期，我也难以确定，
巴山正在下雨，夜雨涨满了秋天的池塘。
什么时候当我回了家，一起在西窗下剪烛聊天，
我再和你诉说今夜巴山下雨时的思念之情。

读古诗词学地理

盆 地

《夜雨寄北》是一封回信。当时，李商隐正在巴蜀工作，给北方的妻子（一说朋友）回了这封"信"，用问答的方式述说了巴山夜雨的情境，抒发了内心的孤寂、对妻子的思念以及期待日后重逢的温情。全诗言浅意深，语短情长，"巴山夜雨"四个字还演化成了成语。

又有诗，又有成语，还是免费的知识，你怎么不背？

夜雨寄北

我是默背。

我找到了四亿年前的菊石化石！

我探测到了更多的石油。

听说我的祖先创造了一个成语，叫"蜀犬吠日"。

那是因为你的祖先不常见太阳，一见到就奇怪地狂叫……

盆地

巴山自古多夜雨，这和巴蜀（今四川）的盆地结构有关。盆地是地球表面某一块沉降后形成的，模样像盆。四川盆地"出生"后，曾被海水淹没过。由于地壳不停地运动、抬升，"盆"里的水退了，只剩下一些河流，海洋生物死后被埋在土层里，形成了化石，有的还参与形成了石油、煤炭。

四川盆地覆盖着中生代的紫红色砂岩、泥岩，也叫"紫色盆地"。盆地的东边是长江三峡，西边是青藏高原，南边是云贵高原，北边是大巴山，这使它湿雾蒸腾，一年中日照时间很少，多数是阴天、雨天，夜雨占总雨量的一大半。所以，李商隐才写下了这首诗。

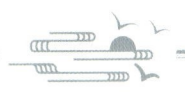

风雨的侵蚀，能形成风蚀盆地；河流向下侵蚀切割，能形成河谷盆地。中国四大盆地是：塔里木盆地、准噶尔盆地、柴达木盆地、四川盆地。

虞美人

[南唐] 李煜

春花秋月何时了(liǎo)？
往事知多少。
小楼昨夜又东风，
故国不堪回首月明中。
雕栏玉砌(qì)应犹在，
只是朱颜改。
问君能有几多愁？
恰似一江春水向东流。

> 只有东去的江水懂得我的哀愁……

小注

春花秋月：春日的花，秋天的月，泛指美好时光。
了：了结，结束。**故国**：指南唐都城金陵，就是现在的南京。**雕栏玉砌**：雕花的栏杆和玉石砌成的台阶，泛指南唐宫殿。**犹**：依旧，还。**朱颜改**：指所怀念的人已衰老，也指亡国。**君**：作者自称。

诗说

美好时光什么时候结束，
令人伤痛的往事它们知道多少。
小楼昨夜又有东风吹来，
登楼望月时忍不住回望故国。
雕栏玉砌应该都还在，
只不过里面住的人已经衰老。
要问心中有多少愁恨，
就像一江春水向东滔滔而流。

读古诗词学地理

地 势

李煜是五代十国南唐的末代皇帝，他懂书法，懂绘画，懂音律，懂诗词，被推举为"千古词帝"，可他就是不懂做皇帝，被宋朝灭了国。一日，他写出《虞美人》，用"恰似一江春水向东流"比喻心中无尽的愁与恨，抒发了亡国之痛，词中还呈现了地势的特点。据说，他因此被宋太宗杀死。

你为什么要写"一江春水向东流"？白吃白住你还发牢骚！
宋太宗赵光义
李煜
人家真是那么流的嘛！

中国地势：西高东低
第一阶梯
第二阶梯
第三阶梯
江河大多自西向东流淌
水电站大多在此修建

额尔齐斯河，你怎么向西北流呢？
因为水往低处流呀。

　　从空中俯瞰，中国的地势就像一个巨大的阶梯。第一阶梯主要是"世界屋脊"青藏高原，有4000米以上的高度。如果你是一个巨人，当你迈过第一阶梯后，就来到了第二阶梯。这里有内蒙古高原、黄土高原、云贵高原，还有塔里木盆地、准噶尔盆地和四川盆地，平均海拔为1000～2000米。

　　第二阶梯的地势下降到500米以下，你会看到东北平原、华北平原、长江中下游平原，以及一些丘陵。继续向东走，就到了大陆架浅海区，水深大都不到200米。整个中国的地势西高东低，向海洋倾斜，所以很多江河都向东流去。但由于各地的具体地势不一样，也有向西流、向北流的水。

　　当江河从上一级阶梯流入下一级阶梯时，因落差很大，水流湍急，产生了巨大的水能，因此，许多发电站都建在这样的地方。

游山西村（节选）

［宋］陆游

莫笑农家腊酒浑,丰年留客足鸡豚(tún)。
山重水复疑无路,柳暗花明又一村。

小注

莫：不要。腊酒：腊月酿造的酒。足：足够,丰盛。豚：小猪,代指猪肉。山重水复：一座座山、一道道水,重重叠叠。柳暗花明：柳色深绿,花色红艳。

诗说

不要笑话农家的腊酒浑浊,
丰收的年月,待客的菜肴足够丰盛。
群山座座,流水道道,前面疑似没有了路,
花红柳绿,眼前一亮,忽然又出现了一个山村。

读古诗词学地理

丘 陵

金人入侵宋朝，陆游主张抗战，被投降派排挤后回老家，《游山西村》就是他那时写的。他去山西村野游，突然没了路，茫然间，猛然发现花红柳绿处竟"冒出"一个小村庄。诗中的"山重水复""柳暗花明"不仅脍炙人口，也成了江南丘陵地貌的标签之一。

> 这里竟然还有一个村子！
>
> 一直有啊！

平原占我国陆地面积的12%

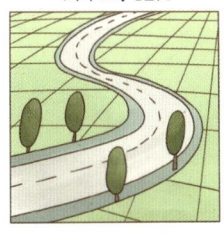

丘陵占我国陆地面积的10%

山地占我国陆地面积的33%

高原占我国陆地面积的26%

盆地占我国陆地面积的19%

在我国的地貌中，丘陵占了陆地面积的10%。关于丘陵的诞生，有的是因为风雨的侵蚀，有的是因为地震、泥石流，或者植物堆积、河流堆积……多数丘陵都是一连串低矮的山丘，起伏小，坡度缓，地面崎岖，顶着圆圆的"脑袋"，一看就饱受侵蚀。

丘陵的个头儿很小，但颜值很高，尤其是江南丘陵，还保留着白垩纪时期的红色土层，它是恐龙曾经散步的土地，也叫"江南红色丘陵"。雨水经常造访这片丘陵，因此，这里河流纵横，土地肥沃，植物繁盛。陆游所去的山西村就位于江南丘陵，因为山环水绕，他好像走进了迷宫，差点儿迷了路。

> 每天吃得饱、喝得好，忍不住开花了。
>
> 我也是，我都结果了。

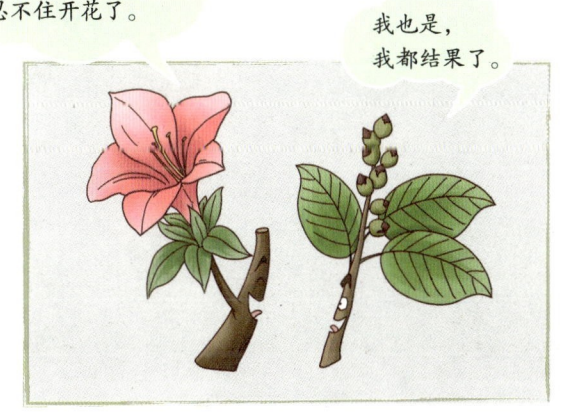

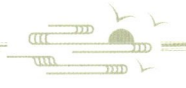

按形态分，地球上有平原、丘陵、山地、高原、盆地等地貌。丘陵的海拔一般不高于500米，不低于200米，但也有十几米的"小豆丁"。

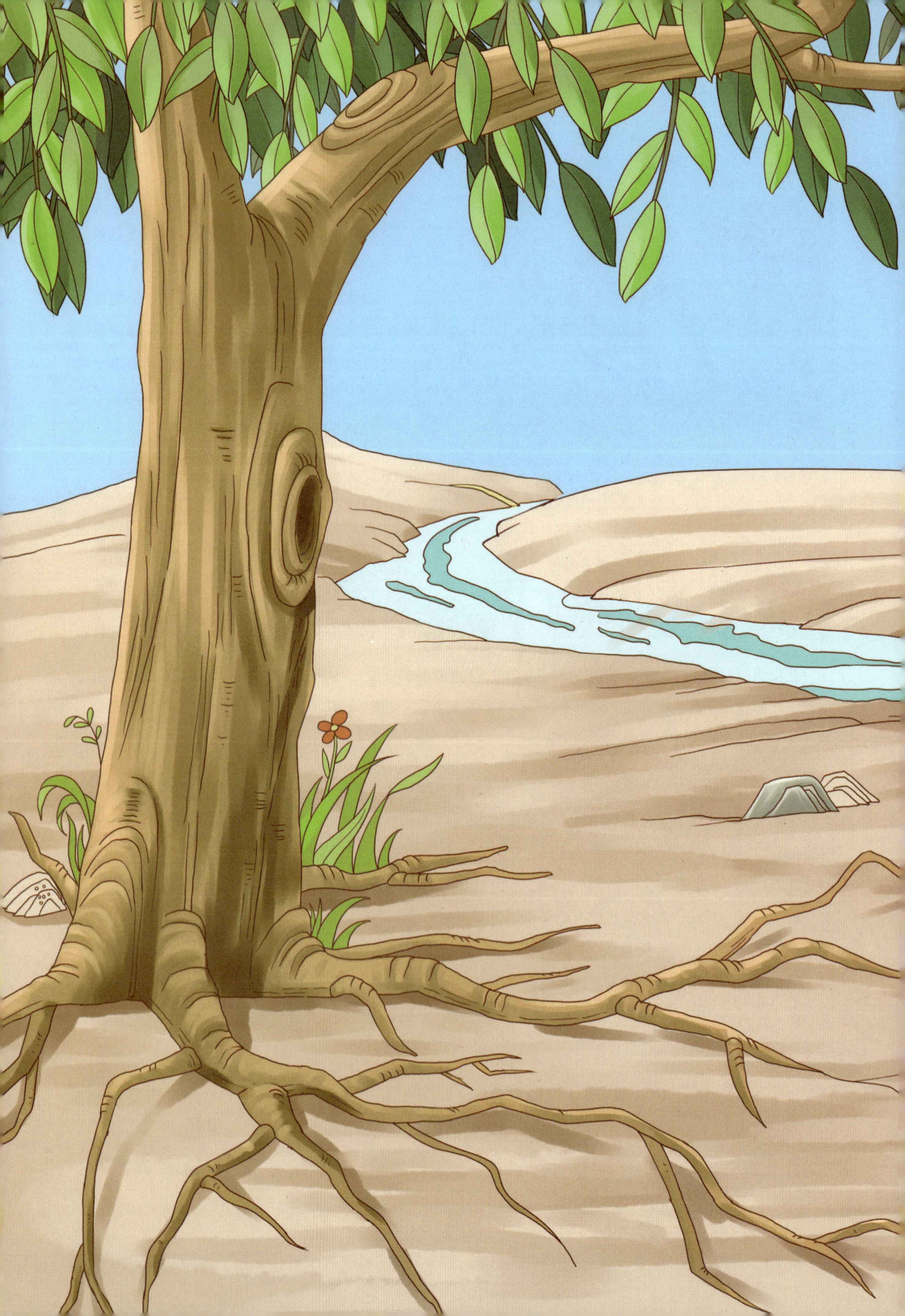

或许，你会认为地理学一点儿也不神奇，一点儿也不高级，它只是一个关于旅游的学科，关于问路的学问。

其实呢？

它是一门用科学手段研究自然规律的学科，它是理科诸多学科中运用数学知识最多的学科。

它会让你明白，流水、土壤、岩石等每时每刻都在改造着地表，改造着世界。

望天门山

[唐]李白

天门中断楚江开,
碧水东流至此回。
两岸青山相对出,
孤帆一片日边来。

> 两座山如此雄奇,就像我的心志。

小注

天门山:位于今安徽省当涂县长江两岸,东有东梁山,西有西梁山,两山隔江相对,如同天然的门户,有"天门"之称。中断:江水从中间隔断两山。开:断开,劈开。回:回漩,回转,形容江水在此处很汹涌。出:突出,出现。日边来:指孤舟从天水相接处的远方驶来,望过去就像来自日边。

诗说

天门山从中间隔断,像是楚江把它冲开的,碧绿的江水向东流去,到这里汹涌回转。两岸的青山隔着江水相对出现,一叶孤舟好像刚从太阳边驶来。

读古诗词学地理

流水地貌

青山为什么两两相对呢……

难道它们是孪生兄弟？

李白在成为伟大的浪漫主义诗人之前，住在四川。他25岁时离开巴蜀，乘船而行，经过天门山，被雄奇的山势、浩荡的江水深深吸引，写下了《望天门山》。此诗意境开阔，气象雄伟，表现了诗人离蜀时的豪迈心情，诗中的"天门中断""青山相对"还引起了地理发烧友的高度注意。

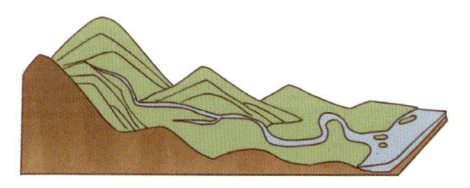

流速大、流量大、含沙量少时，容易形成流水侵蚀地貌。

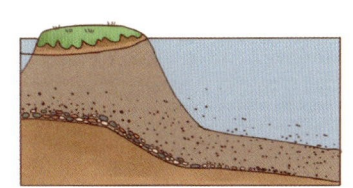

把岩石、碎屑从一个地方移到另一个地方，是流水的搬运作用。

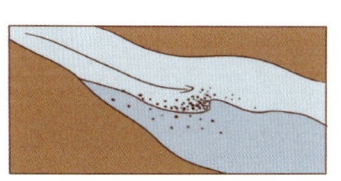

水量少、流速慢，且有沙石沉淀时，容易形成流水堆积地貌。

天门山为什么能隔江相对呢？如果你想知道的话，可以先了解一下流水地貌。流水地貌就是由流水塑造的地貌。流水有三大作用：一是侵蚀作用；二是搬运作用；三是堆积作用。这些作用造就了各种地貌。

水滴石穿也属于流水侵蚀。

嗯！每一滴水都不能小瞧。

对于一条河来说，上游大多为侵蚀，下游大多为堆积。不过，侵蚀、搬运和堆积经常发生变化，有时会同时"工作"。那么，你对侵蚀了解多少呢？所谓侵蚀，其实就是流水对土地、岩石、植被等的冲刷。当地表被侵蚀得很严重后，有的就会形成一种"V"形的峡谷，使两岸的地势显得很高、很对称，所以，李白看到了"两岸青山相对出"的奇景。

流水侵蚀的形式一般有三种：一种是溯源侵蚀，侵蚀河流的源头，让河谷伸长；一种是下蚀，垂直于地面侵蚀河床，让河谷加深；一种是侧蚀，侵蚀河岸的两侧，让河谷加宽。

浪淘沙

[唐] 刘禹锡

九曲黄河万里沙，
浪淘风簸自天涯。
如今直上银河去，
同到牵牛织女家。

小注

九曲：形容河道曲折迂回，弯道多。浪淘：波浪淘洗。簸：上下簸动。自：来自。天涯：天的边缘，比喻距离遥远。直上银河：古代传说黄河与银河相通。

诗说

弯曲的黄河裹挟着大量泥沙，
大浪滔滔像来自遥远的天涯。
现在可以从黄河直接飞上银河，
一起去牛郎织女的家。

天地美如斯。

读古诗词学地理

蛇 曲

《浪淘沙》既是写景诗，也是托物言志诗。唐朝文学家刘禹锡通过黄河直上银河的夸张想象，抒发了自己百折不挠、积极进取的精神。此诗雄浑浪漫，磅礴壮阔，气势大起大落，不愧是"诗豪"的手笔！同时，刘禹锡还豪迈地向读者展示了一种神奇的景观——蛇曲。

"蛇曲"并不是蛇，而是一些弯弯曲曲的近乎环形的河流。因其像蛇爬行时那样扭来扭去地运动，所以被称为"蛇曲""河曲"。河流本来是直线运动的，但河流的天性是冲击、侵蚀，会向岩层较软、地势较低的一侧侵蚀，水流也就偏向了受侵蚀的一侧，于是出现弯曲，形成曲流。

如果从蛇曲的角度解释，"九曲黄河"就是"S"形的"黄河大拐弯"，属于嵌入式蛇曲——由于地壳抬升运动，蛇曲嵌入了岩石中。流水侵蚀久了，河流会越来越弯，越来越深，有的会弯成一个"C"形，模样就像牛轭和弯月，形成牛轭湖，也叫月亮湖。

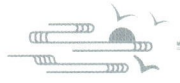

上、下游有落差，才能形成蛇曲，但落差不能大，地面也不能太硬，否则，河水冲刷不动，也不能太软，太软保持不住蛇曲。

大林寺桃花

〔唐〕白居易

人间四月芳菲尽，
山寺桃花始盛开。
长恨春归无觅处，
不知转入此中来。

小注

大林寺：庐山大林峰上的寺院。人间：指庐山脚下的村落。芳菲：花草繁盛的样子。尽：结束，指花朵凋谢。始：刚刚，才。恨：惋惜，遗憾。不知：谁知，想不到。此中：这深山的寺庙里。

山寺桃花朵朵开。

诗说

四月，山下的花朵已经凋谢，山上寺中的桃花才刚刚盛开。常常惋惜春光消逝，无处寻觅，想不到它转到了这寺院中。

读古诗词学地理

垂直地带性

《大林寺桃花》中，山下桃花凋谢，春光已逝；山上桃花盛开，春意盎然。春光好像在和白居易躲猫猫，从山下跑走，躲到了山上……白居易用拟人化的手法，把春光写得活泼可爱，天真烂漫，构思极为奇妙。只是，白大叔是否知道，山下的桃花和山上的桃花为什么不同时开放呢？

春天在哪里呀？春天在哪里？

春天在庐山的寺院里。

这里有红花呀，这里有绿草……

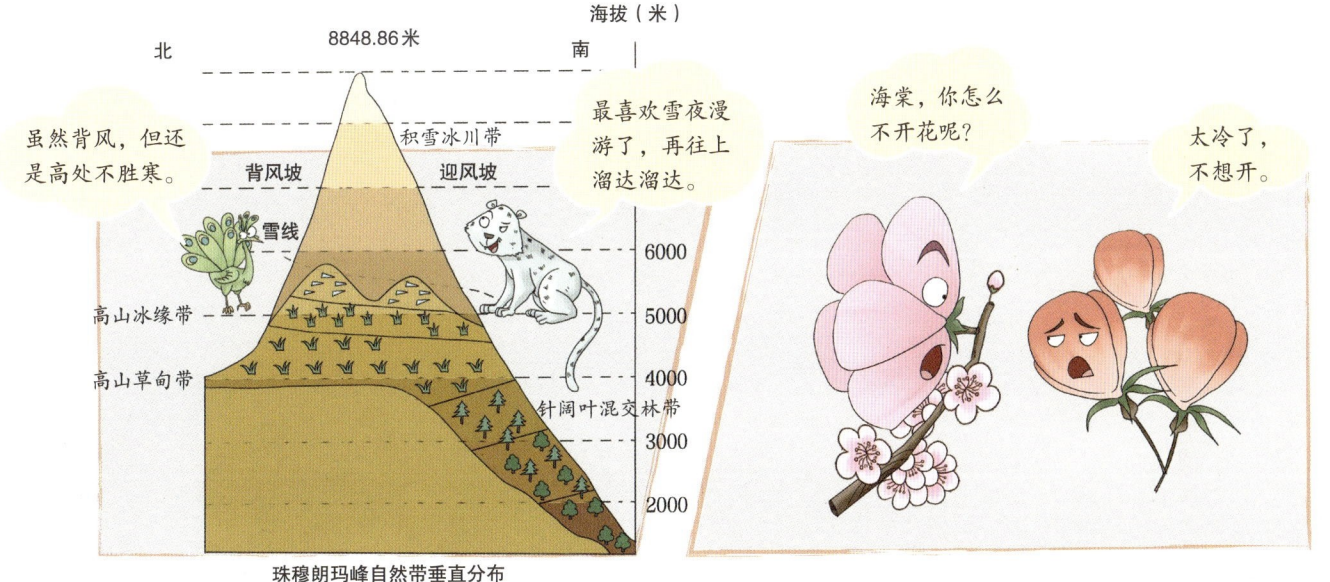

虽然背风，但还是高处不胜寒。

最喜欢雪夜漫游了，再往上溜达溜达。

海棠，你怎么不开花呢？

太冷了，不想开。

珠穆朗玛峰自然带垂直分布

山下花落，山上花开，是垂直地带性的体现。当山地的环境和气候因海拔变化而发生垂直变化时，就是垂直地带性。爬山时，你可能有这样的体验，越往上感觉越冷。这是因为海拔每升高100米，气温就下降0.6℃左右。所以，怕冷的植物一般都聚集在山脚或低海拔的山坡上。

在低海拔处，桃花一般在二三月开放，此时春寒料峭，温度较低，正是桃花喜欢的气候。到了四月，温度升高，桃花就谢了。但山顶海拔高，气温低，哪怕是四月天，山顶的温度也和早春二三月的低海拔处差不多，所以，白居易就看到了四月天里"山寺桃花始盛开"的盛景。

随着海拔升高，辐射、降水量、土壤都会有所不同。由于不同的植物适应不同的环境，所以，从山脚到山顶便形成了一层层不同的植物带。

过华清宫

[唐] 杜牧

长安回望绣成堆，
山顶千门次第开。
一骑红尘妃子笑，
无人知是荔枝来。

小注

华清宫：唐朝时建在骊山上的一座宫殿。绣成堆：骊山右侧有东绣岭，左侧有西绣岭。唐时山上种满花木，郁郁葱葱。千门：形容山顶宫殿壮丽，门扇众多。次第：依次。红尘：飞扬的尘土。

诗说

在长安回头远望骊山，花木繁茂仿佛锦绣成堆，山顶华清宫的千重门依次打开。一人骑马飞驰而来，扬起尘土，杨贵妃欢心而笑，没有人知道是南方的荔枝送来了。

千里驱驰为荔枝。

读古诗词学地理

植物分布

在《过华清宫》中，杜牧像摄影师一样从长安"回望"，用两个特写镜头——特使骑驿马飞驰而来与杨贵妃在宫内嫣然一笑，讽刺了唐玄宗与杨贵妃极尽奢侈的生活。那么，荔枝为什么要从南方运来呢？

十万火急，快让开！

前线送情报来了？

明明是水果。

睡饱了，我要开花了。

你白天睡觉，晚上开放，和我不一样。

大家都不一样。我得走了，这里没有霜，我会生病的。

昙花　蜀葵　菊花

一边甜蜜蜜，一边酸倒牙，都是水和土壤捣的鬼。

植物南北分布新闻发布会

枳　橘　晏子

每一种植物都有自己的个性，椰子树喜欢在高温多雨、阳光充足的地方落脚，仙人掌爱在沙漠中进行太阳浴；昙花低调，总与黑夜独处；梅孤傲，愿意在雪中绽放……因为喜好不同，植物们的家也是不同的。它们安家的规律，就是植物的分布特点。而荔枝在唐朝时分布在南方。

地球上的气候呈带状分布，植物的分布也是带状的。温带植物分布在温带气候区，热带植物分布在热带气候区，寒带植物分布在寒带气候区……从赤道到两级，植物有序地形成了泾渭分明的植物带。晏子说，淮河南边的橘子很甜，移植到淮河以北后却变酸了，就是因为分布不同，水土不同。

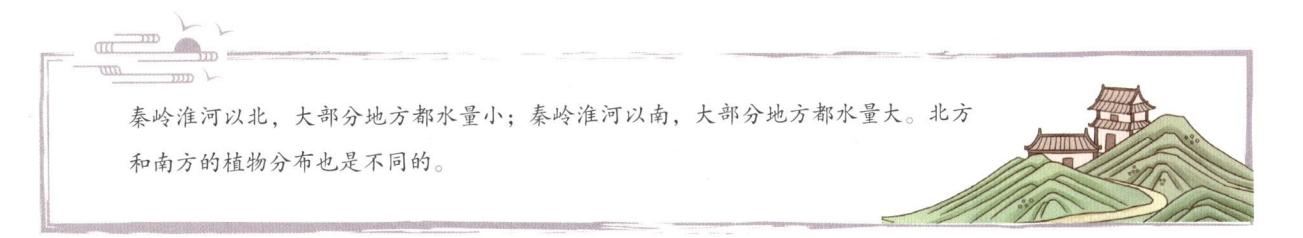

秦岭淮河以北，大部分地方都水量小；秦岭淮河以南，大部分地方都水量大。北方和南方的植物分布也是不同的。

泊船瓜洲

[宋] 王安石

京口瓜洲一水间，钟山只隔数重山。
春风又绿江南岸，明月何时照我还。

小注

泊：停泊。京口：古城名，位于今江苏镇江。瓜洲：位于今扬州境内，在长江北岸，与京口相对。钟山：指南京的紫金山。数：几。还：回。

诗说

京口与瓜洲之间只隔着一条长江，
我所居住的钟山隐没在几座山峦背后。
春风又吹绿了长江的南岸，
明月什么时候才能照着我返回家乡呢？

月亮走，我也走……

读古诗词学地理

堆积地貌

王安石是北宋政治家、文学家，写这首《泊船瓜洲》时，大概是他被提拔为丞相的时候。全诗写出了他在瓜洲渡口远眺的情景，格调清新，一个"绿"字把看不见的春风变成了看得见的视觉形象——江岸的草木在春风的吹拂下绿意盎然。那么，对于瓜洲，你了解多少呢？

> 大人，作为瓜洲的代言人，你最想说什么呢？
>
> 我最想说的是，我怎么不知道我是瓜洲的代言人啊……
>
> 王安石

> 来一场说走就走的旅行吗？
>
> 要票吗？不要就走！
>
> 瓜洲开发区一日游

> "暮去朝来淘不住，遂令东海变桑田"，我的诗里早就写过了。
>
> 白居易
>
> 还是你了解我。

瓜洲位于江苏扬州，是个文化名镇，但在很久以前，它只是江水下的一些流沙，时间久了，泥沙就堆积成一片水下暗沙。汉朝时，暗沙淤积成一个浅滩，看起来像个瓜，古人就叫它瓜洲。又过了几百年，泥沙淤积成了一个小岛。唐朝时，小岛与陆地相连，形成一个渡口，被誉为"千年古渡"。

现在你明白了吧，瓜洲是一个典型的沙洲地形。沙洲就是水流速度减缓、堆积作用大人所形成的陆地。如果一直堆积，沙洲周围都可能被填成陆地，真如沧海变桑田一样。沙洲是泥沙质小岛，也可以出现在海洋中。海洋中的沙洲，是一种堆着沙砾、贝壳的岛礁。

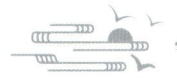

沙洲属于堆积地貌，堆积地貌包括冲积地貌（如冲积平原、江心洲、三角洲）、风积地貌（如沙丘）、海积地貌（如海滩）等。

浣溪沙

[宋] 苏轼

游蕲水清泉寺，寺临兰溪，溪水西流。

山下兰芽短浸溪，

松间沙路净无泥。

萧萧暮雨子规啼。

谁道人生无再少？

门前流水尚能西！

休将白发唱黄鸡。

时光老去，
我仍年轻。

小注

蕲水：今湖北省浠水县。兰芽：兰草新抽的嫩芽。萧萧：形容雨声。子规：杜鹃，借指羁旅之思。无再少：不能再回到少年时代。休：不要。白发：指年老。唱黄鸡：黄鸡可以报晓，古人以此感叹时光流逝。

诗说

山下的兰草刚发芽，短芽浸在溪水里，
松林里的沙石小路被雨水冲刷得一尘不染。
黄昏的细雨中，杜鹃在啼鸣。
谁说人老了不会再回到少年时光？
门前的流水还能向西奔流，
不要再感叹时光易逝了。

读古诗词学地理

土 壤

《浣溪沙》是大文豪苏轼写的一首词。当时，苏轼受冤被贬，但意志并未消沉，而是以豁达的胸襟面对充满坎坷的处境，他用白描的手法描绘了细雨中的南方初春，语言明净、淡雅，格调积极、向上，劝人奋进、自强。词中的"松间沙路净无泥"还隐藏着关于土壤的小知识，你发现了吗？

小路被雨水洗得比我还干净。

嗯哼。

人类的活动把自然土壤改造成了适合耕作的土壤，也为土壤发育做了贡献。

腐殖质层
淋溶层
淀积层
母质层
基岩

土壤分层剖面图

嗯，挺像样！

土壤形状

块状　柱状　棱柱状
片状　核状　团粒状

很久以前，地球上并没有土壤，只有岩石。岩石被风吹、雨淋、日晒后，有的碎了，有的脱皮，一些苔藓类植物滋生在上面，分泌出一种物质，使岩石发生化学、生物风化，岩石表面就慢慢形成了新的物质——土壤。也就是说，母质、气候、生物、地形、时间是成土的五大因素。

土壤有不同的质地，可大致分为沙土、壤土、黏土。沙土含沙量高，颗粒粗糙，几乎不储水，所以，苏轼才写"松间沙路净无泥"；壤土中有机质高，农作物钟情于它；黏土颗粒细腻，容易储水，荷花等喜水植物喜欢它。地球上所有的陆生生物，包括你和我，都被土壤影响着。

土壤中来源于生命的物质，如土壤微生物、土壤动物及其分泌物，以及植物残体等，就是有机质。

题西林壁

[宋] 苏轼

横看成岭侧成峰,
远近高低各不同。
不识庐山真面目,
只缘身在此山中。

庐山到底有多少种模样呢?

小注

题:书写,题写。横看:从正面看。侧:侧面。识:认识,辨别。缘:因为,由于。

诗说

从正面看,庐山是连绵的山岭,从侧面看,庐山又是高耸的山峰,
从远处、近处、高处、低处看,庐山的风景各不相同。
我辨别不清庐山真正的模样,
因为我就置身于庐山之中。

读古诗词学地理

断块山

苏轼的一生饱受诬陷，几乎一直处在流放途中，但他始终用豁达的心态迎接坎坷的命运。《题西林壁》是他在流放途中写的诗，诗中亲切自然地描述了庐山的景象，同时蕴含着深刻的人生哲理，并向读者展示了断块山地貌。

断块山是什么山？是这样的，地球是一个实心球，里面有岩浆，外面裹着岩石壳。当地壳运动时，会产生压力和张力，一些岩石承受不住就会碎裂，而碎裂的两侧会发生位移，最终出现了断层。当断层向上时，碎块抬升，就形成了断块山。

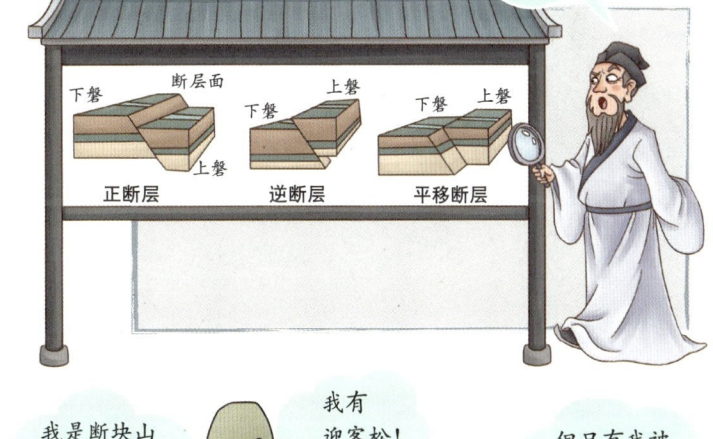

泰山　华山　黄山　庐山

断块山有地垒式，两侧很对称；有掀斜式，一侧高一侧低。断块山的"身材"千奇百怪，所以，苏轼才说它"横看成岭侧成峰，远近高低各不同"，这可是对这种地貌最诗意的点评哦！

山的形成是一个缓慢、复杂的过程，大体上可以分为褶皱山、断块山、火山、侵蚀山等。

地理是你生命中不可或缺的一部分。

在日常生活中，

你会遭遇季风，遭遇霜雪，

遭遇对流雨、梅雨，

还会遭遇城市热岛效应，

这些地理现象，你是否了解？

对于上升气流和水循环，

对于温带大陆性气候，你是否陌生？

而它们，就藏身在古典诗词中，

等着你去揭密。

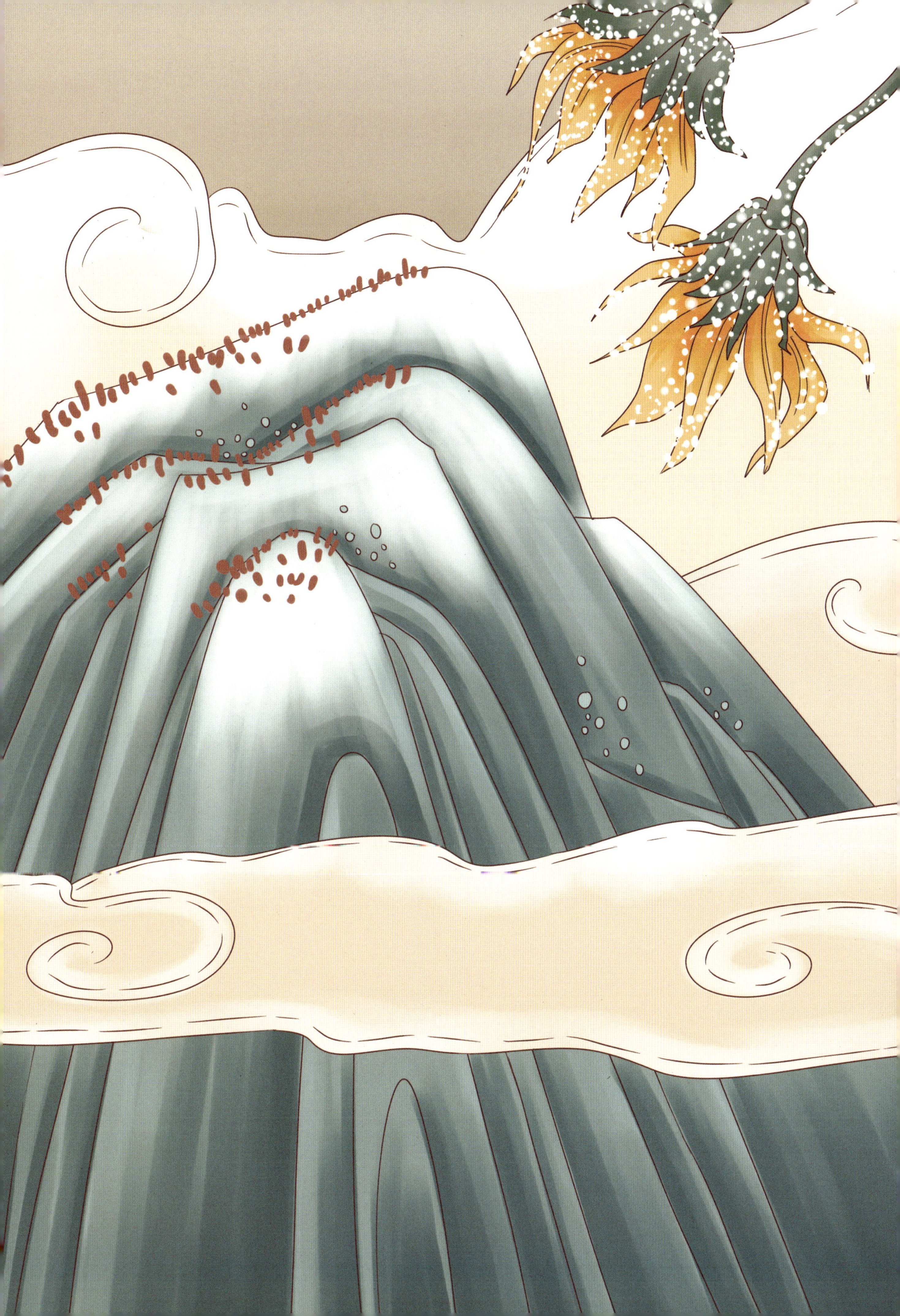

凉州词

[唐]王之涣

黄河远上白云间，

一片孤城万仞山。

羌笛何须怨杨柳，

春风不度玉门关。

小注

黄河远上：指远望黄河的源头。孤城：孤独的城池，指戍边的城堡。仞：古代的长度单位。羌笛：边塞的一种乐器。何须：何必，不必，没必要。杨柳：指《折杨柳》曲。不度：吹不到。玉门关：古代通往西域的要道。

诗说

黄河远远奔流，好像流入白云之间，
一座孤城屹立在雄伟的高山中。
何必用羌笛吹奏哀怨的《折杨柳》，
春风本来就吹不到玉门关。

春风年年迟到。

读古诗词学地理

季 风

王之涣是盛唐时期的边塞诗人，《凉州词》是他的成名作。他用一种奇特的视角描绘了"黄河远上"的奇景，展现了边塞独有的壮阔、苍凉，又用"春风不度玉门关"表现了戍边将士无法回家的哀怨。那么，你知道春风为什么"不度玉门关"吗？

春风吹不到玉门关是因为玉门关位于非季风区。什么是季风呢？具体来说就是，海洋与陆地的气压差，影响了气团的移动方向，在海陆之间形成大范围的空气流动，且随季节的变化而有规律地变化。古人发现，这种风非常守信，就叫它信风，由于风起时，梅子黄熟落地，也有人叫它落梅风。

夏季，海洋气温低，大陆气温高，季风从海洋吹向陆地，是夏季风；冬季，海洋气温高，陆地气温低，季风从陆地吹向海洋，是冬季风。东南季风能够吹到的地方叫季风区，吹不到的地方叫非季风区。玉门关周围耸立着青藏高原、祁连山、贺兰山，从太平洋上远道而来的东南季风无法吹到，所以才"不度玉门关"。

我国的东边是太平洋，春天，季风从海洋流向陆地，也就是风从东面或东南方向来，于是古人把春风称为"东风"。

春夜喜雨

[唐]杜甫

好雨知时节，当春乃发生。
随风潜入夜，润物细无声。
野径云俱黑，江船火独明。
晓看红湿处，花重锦官城。

贴心的小雨……

小注

知：知道，明白。乃：于是，就。发生：萌发生长。潜：悄悄地。野径：田野上的小路。俱：全，都。江船：江上的船只。红湿处：被雨水打湿的花丛。花重：形容雨后的花朵饱满娇艳的样子。锦官城：指成都。

诗说

这场雨真好，它好像知道时节，正好在春天万物萌生的时候降临。

它追随着春风，悄悄地在夜里落下，滋润万物细密无声。

田野的小路都是黑茫茫的，只有江上的渔船独自亮着灯火。

天亮时去看被雨水打湿的红花，花朵饱满低垂，盛放在锦官城。

读古诗词学地理

水循环

写《春夜喜雨》时，杜甫的心情一定是喜悦的。这位伟大的现实主义诗人，一生写了很多忧国忧民的诗，格调沉郁顿挫，但这首小诗却写得浪漫可人，把小雨描绘得可亲可爱：小雨悄悄地赶来，连夜访问人间，滋润万物。全诗意境淡雅清幽，还蕴藏着关于水循环的知识。

你知道吗？空气中有许多水蒸气。水蒸气上升到高空时，由于温度降低，会凝结成液态的小水滴。在空气阻力和上升气流的"拦截"下，小水滴飘浮在空中，形成了云。云中的小水滴互相结合后，"体重"增加，空气阻力和上升气流托不住了，它们就从云里落下来，形成了雨。

水能像孙悟空一样上天入地，当水从天上到陆地、从地面到高空，在大气、陆地、海洋之间交换的过程就是水循环。具体地说：雨落后，有的渗入土壤或岩石，变成地下水；有的流到河流和大海，然后在太阳的照射下变成水蒸气上升，再变成小水滴从天而降，这样一个水循环就完成啦。

如果温度低于冰点，云中的小水滴会凝结成冰晶，落下来就是雪；如果小水滴凝结成了冰粒，落下来就可能是冰雹。

白雪歌送武判官归京（节选）

[唐] 岑参

北风卷地白草折，胡天八月即飞雪。
忽如一夜春风来，千树万树梨花开。

小注

判官：唐朝节度使、观察使的下属。白草：西北的一种牧草，秋天后变白。胡天：边塞的天空。胡，古代汉族对北方少数民族的通称。梨花：此处比喻雪花积落在树枝上，像梨花盛开。

诗说

北风席卷大地，白草被吹折，边塞八月就飘飞着大雪。
好像一夜间忽然刮来了春风，无数棵树上有如梨花开放。

读古诗词学地理

温带大陆性气候

岑参该是多么乐观豪迈的人啊，瞧他写的《白雪歌送武判官归京》——明明是离别诗，却一点儿也不伤感，反而景色壮丽，格调昂扬，还充满奇思异想，把飞雪压枝写成了"千树万树梨花开"，浪漫瑰丽，一问世就成了唐朝边塞诗的压卷之作。

岑参哥哥，你觉得世上最浪漫的事是什么？

夏天和战友一起去塞外看雪。

我是高原山地气候。
我是温带大陆性气候。
我是温带季风气候。
我是热带季风气候。
我是亚热带季风气候。

我们的口号是——
早穿皮袄午穿纱，围着火炉吃西瓜！

岑参送别武判官的时间是八月，在中原，八月还暑热灼人，边塞居然下雪了！你不要惊讶，这是温带大陆性气候导致的。举个例子，新疆离海洋很远，海洋的湿润气流难以到达，地形也能阻挡湿润气团，所以新疆干燥少雨，气候呈现出极端的大陆性，即温带大陆性气候。

由于受海洋的影响小，陆地升温快，降温也快，夏天短而热，冬天长而冷，一日中温度有时能相差20℃。岑参当时在新疆的轮台一带，八月已进入"冬天"，所以"胡天八月即飞雪"。不过，夏天光照充足，有利于糖分合成，能吃到特别甜的葡萄、哈密瓜。

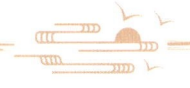

地球上从北向南大致有五大温度带，它们分别是：北寒带、北温带、热带、南温带、南寒带。

竹枝词

[唐]刘禹锡

杨柳青青江水平,
闻郎江上唱歌声。
东边日出西边雨,
道是无晴却有晴。

小注

竹枝词:巴渝(今四川、重庆)一带流行的民歌,刘禹锡喜欢它浓郁的生活气息,曾仿制多首。闻:听见,听到。晴:与"情"谐音,双关语。

诗说

岸上杨柳青青,江中水波平静,
忽然听到江船上传来唱歌的声音。
东边出太阳,西边在下雨,
说不是晴天,却又是晴天。

人生处处有诗意。

读古诗词学地理

对流雨

刘禹锡常有清新之作，这首《竹枝词》不仅清新活泼，还巧妙地用了双关的手法——"晴"与"情"谐音，用"东边日出"的"有晴"，"西边雨"的"无晴"，暗喻人的"有情"和"无情"，表达了复杂而微妙的心理，含蓄旖旎。刘禹锡还馈赠给读者一个关于对流雨的科学小知识。

现在是天气预报时间，根据刘禹锡诗中的信息，长江中下游一带可能出现对流雨现象……

我的诗还能预报天气？！

刘禹锡

四大降水形式：地形雨、对流雨、锋面雨、台风雨。锋，是指冷暖气流的交界处。

这雨跟我有仇吗？只浇我一个人！

对流雨来自对流云，对流云是大气层中发生对流时产生的积云。云中有很多水滴，也就是降水粒子，等到上升气流托不住时，它们就从云里冲到了地上，形成对流雨。对流雨范围小，不均匀，有时小路这边哗哗地下雨，小路那边却晒着太阳，也就是"东边日出西边雨"的现象。

对流雨最爱访问长江中下游一带，尤其是夏季的午后，对流雨经常突然造访，来势汹汹，裹挟着雷电，从云里蹿出来。所以，对流雨还有一个"笔名"——热雷雨。对流雨来去匆匆，噼里啪啦地下一阵后，会突然停止，让人怀疑刚才的雨是不是一场梦。

秋 怀

[宋] 陆游

园丁傍架摘黄瓜，
村女沿篱采碧花。
城市尚余三伏热，
秋光先到野人家。

小注

傍：依着，依傍，在旁边。尚余：还有。
三伏：初伏、中伏、末伏的统称。三伏是一年中最热的时期。野人：村野之人。

诗说

园丁在瓜架旁摘黄瓜，
村女沿着篱笆采摘野花。
城里还有三伏天的暑热，
凉丝丝的秋光先到了乡野人家。

秋意浓。

读古诗词学地理

城市热岛效应

揪根黄瓜、摘朵野花，能有什么诗意呢？陆游却把它们写得诗意盎然，妙趣横生。在这首《秋怀》里，他还突破思维，把城里热得难受的"三伏"天和乡下凉爽的"秋光"进行对比，表达了对乡村生活的热爱，也暗含着一种奇特的地理现象——城市热岛效应。

当城市的温度高于周边郊区的温度时，就会形成热岛效应。如果这种现象呈现为一张地图，你会在图中看到，城市作为高温区，像一个凸出海面的岛屿。热岛效应与人类活动有关。人们盖高楼、修公路用的混凝土、砖瓦、沥青等，对太阳光的吸收率很高，积蓄的热量会使城市的温度上升。

城市中植物少，水和空气污染严重，车辆和工业活动产生的二氧化碳、粉尘等，能吸收热辐射，发生温室效应。郊区就不同了，郊区植物繁盛，比城市清凉。陆游生活在南宋时期，城市繁华，所以也出现了热岛效应，城里还是三伏天时，乡村已有入秋的感觉了。

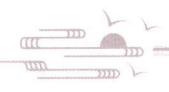

温室效应会使大气污染严重，气溶胶微粒变多。气溶胶是指悬浮在气体中的固态或液态颗粒，近乎球形，也有片状、针状等。

约 客

[宋] 赵师秀

黄梅时节家家雨,
青草池塘处处蛙。
有约不来过夜半,
闲敲棋子落灯花。

小注
约客:邀请客人来相会。有约:邀约友人。灯花:灯芯烧残后结成的花状物。

诗说
梅雨时节家家户户都被烟雨笼罩着,长满青草的池塘边传来阵阵蛙鸣声。约好的客人还没来,时间已经过了半夜,无聊地敲着棋子,看着落下的灯花。

读古诗词学地理

梅 雨

被爽约是一种什么感觉呢？读了赵师秀的《约客》你就知道了。那是一种焦躁、忧郁的感觉。不过，赵师秀没有直接表露自己的心情，而是用动态的"处处蛙""落灯花"衬托了他的落寞，尤其是"家家雨"，更增添了寂寥惆怅的滋味，让人忍不住想埋怨老天……

你一定明白，老天是无辜的，因为已经到了"黄梅时节"，不能不下雨呀！黄梅时节就是梅雨时节，梅雨是一种出现在长江中下游的特殊天气，是南方的"特产"。由于阴雨连绵，器物容易发霉，所以叫"霉雨"，又正值江南梅子成熟，所以也叫"梅雨"或"黄梅雨"。

有的梅雨是急性子，五月底就匆匆赶来了，这是"早梅雨"。有的梅雨爱迟到，八月下旬以后才来，这是"迟梅雨"。有的梅雨来去匆匆，像个赶路的过客，十多天就没影了，这是"短梅"。有的梅雨直接"旷工"，这是"空梅"。有的梅雨晃一下就走了，过几天又跑回来，这是"倒黄梅"。

春天，北方的冷空气南下，热带的暖湿空气北上，大约在夏季时在长江中下游相遇。它们谁也不让谁，在激烈的交锋中形成了降水，也就是锋面雨。

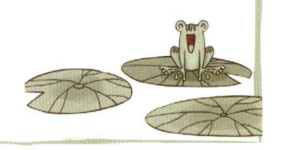

村 居

[清] 高鼎

草长莺飞二月天,
拂堤杨柳醉春烟。
儿童散学归来早,
忙趁东风放纸鸢(yuān)。

风筝带走了我的童年。

小注

拂：拂动，指柳条微微摆动。醉：沉醉，陶醉，迷醉。春烟：春天水泽、草木等蒸发出的雾气。散学：放学。纸鸢：泛指风筝。鸢，老鹰。

诗说

二月青草生长，黄莺飞翔，
杨柳枝拂动堤岸，好像迷醉在春烟中。
孩子们放了学，回来得早，
赶忙趁着东风放风筝。

读古诗词学地理

上升气流

《村居》是高鼎创作的。当时,他奋起报国,却被同僚排斥、打压,便到乡下隐居。就在这憋屈、愤懑的时候,一个早春二月天,草长莺飞,小朋友们放学了,叽叽喳喳跑去放风筝。这生动可爱的一幕,深深地打动了高大爷的心,他用诗歌记录下了这一美好的时刻。

你放过风筝吗?放风筝也是一个技术活儿,如果没有上升气流帮忙,风筝很难起飞或飞高。简单地说,上升气流就是向上运动的气流,以及在高处运动的气流。植被少的地方,如沙漠,地表升温快,容易形成上升气流;而植被和河流多的地方,如热带雨林,上升气流就形成得慢。

空气受热后,流向高处的上升气流,叫热力气流。有的气流不拐弯,遇到高山、大厦、上陵等障碍物也不绕道走,而是努力"翻墙头",不断地向上抬升,这是动力气流。上升气流无处不在,只要你仰起头吐气,就是一股上升气流,只不过它太小啦。

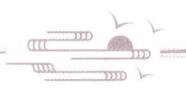

下沉气流是指空气向下运动的气流。下沉气流和上升气流相互循环流动,使地球上有了干湿变化、四季交替。

内 容 提 要

为什么"一江春水向东流"？为什么"海上明月共潮生"？为什么"一览众山小"？为什么"人间四月芳菲尽，山寺桃花始盛开"……本书以中小学背诵的古诗词为底本，精选了25首古诗词，并结合诗词中所涉及的学科知识，进行了生动有趣的解析，既能帮助小读者学习古诗词，又能使小读者获得相关的科学知识。

图书在版编目（CIP）数据

读古诗词学地理 / 李妍编著. -- 北京 : 中国水利水电出版社, 2021.10
　ISBN 978-7-5226-0051-2

Ⅰ. ①读… Ⅱ. ①李… Ⅲ. ①古典诗歌－中国－中小学－教学参考资料 Ⅳ. ①G634.303

中国版本图书馆CIP数据核字(2021)第205766号

书　　　名	**读古诗词学地理** DU GU SHICI XUE DILI
作　　　者	李　妍　编著
出版发行	中国水利水电出版社 （北京市海淀区玉渊潭南路1号D座　100038） 网址：www.waterpub.com.cn E-mail：sales@waterpub.com.cn 电话：（010）68367658（营销中心）
经　　　售	北京科水图书销售中心（零售） 电话：（010）88383994、63202643、68545874 全国各地新华书店和相关出版物销售网点
排　　版	北京水利万物传媒有限公司
印　　刷	天津图文方嘉印刷有限公司
规　　格	210mm×285mm　16开本　4印张　58千字
版　　次	2021年10月第1版　2021年10月第1次印刷
定　　价	45.00元

凡购买我社图书，如有缺页、倒页、脱页的，本社发行部负责调换

版权所有·侵权必究